W0171002

Dandi Daley Mackall

Mein Gott ist bärenstark

Mein Gott ist bärenstark

Dandi Daley Mackall

Illustriert von
Heather Heyworth

Aus dem Englischen von
Maria Leicht-Rombouts

Für Ellie und Cassie Hendren

Über die Autorin

Dandi Daley Mackall hat schon über
450 Bücher für Kinder und Erwachsene
geschrieben und viele Preise gewonnen.
Sie besucht Schulen, leitet Workshops
und Kurse zum Thema Schreiben und
hält Grundsatzreden auf Konferenzen
sowie vor jungen Schriftstellern.
Dandi wohnt auf dem Land in Ohio
(USA), zusammen mit ihrem Mann Joe,
ihren drei Kindern und ihren Pferden,
Hunden und Katzen.

Inhalt

Inhalt

Anmerkung für die Eltern

Gott hätte sich keine weiteren Tiere ausdenken müssen, nachdem er ein paar gemacht hatte. Doch er beließ es nicht dabei. Unser Schöpfer kreierte viele, ganz unterschiedliche Tiere, keines glich dem anderen – von klein und knuddelig bis stark und stürmisch. Und jedes einzigartige Wesen kann uns etwas über unseren Schöpfer, unsere Welt und über uns selbst bewusst machen.

Die Bibel ist voll von spannenden Geschichten über Tiere. Kinder erfahren dadurch, wie Gott ist: Dass er jedes einzelne Tier unendlich lieb hat – genau wie die Menschen!

In diesem Buch wird in jedem Kapitel eine tierische Bibelgeschichte erzählt. Anschließend gibt es eine Liste mit Fakten zum Staunen. Eine kurze Andacht zeigt den Kindern, was die Geschichte der Bibel mit ihrem eigenen Leben zu tun hat. Ein passender Bibelvers und ein Gebet schließen das Kapitel ab.

Ich hoffe sehr, dass Sie und Ihre Kinder beim Lesen Gott verstehen und noch mehr lieben lernen. Ich wünsche Ihnen gemeinsam viel Freude bei den tierischen Abenteuern!

Dandi Daley Mackall

Das alles hat Gott gemacht!

Die echte Geschichte

1. Mose 1-2

Gott war schon immer da. Aber Tiere und Menschen waren am Anfang noch nicht auf der Welt. Auch Blumen und Bäume, Himmel und Sterne hat es noch nicht immer gegeben.

Gott hat alles geschaffen!

Gott hätte die Welt schwarz-weiß machen können. Aber er schenkte uns rote Blumen, einen blauen Himmel, grünes Gras und orange leuchtende Sonnenuntergänge. Gott erschuf eine bunte Welt!

Gott hätte einfach die Goldfische machen und dann gleich wieder aufhören können.

Aber nein, Gott erfand winzige Goldfische, große Delfine, ungewöhnliche Tiere wie Hummer und Krebse, Thunfische und so weiter und so fort – ja, das war erst der Anfang!

Gott erfand Vögel und Frösche, Kängurus und Kätzchen, Elefanten und Eichhörnchen, Giraffen und Geparden.

Wer hat eigentlich Pferde und Nilpferde gemacht? Ameisen und Ameisenbären? Löwen und Libellen? Das war Gott!

Und wer hat Mama und Papa gemacht? Oder deine Brüder und Schwestern? Und dich? Das war Gott!

Gott hat dich geschaffen!

- Was meinst du, welches das stärkste Insekt der Welt ist? Du wirst es kaum glauben: Der Nashornkäfer. Er kann Dinge heben, die über 800 Mal so viel wiegen wie er selbst. Das ist als würdest du ungefähr zehn Autos hochheben!

- **Eine Giraffe hat sieben Wirbel (also bewegliche Knochen) in ihrem la-a-a-a-a-angen Hals ... genauso viele wie du!**

- Ein Gepard kann schneller als 90 Kilometer pro Stunde rennen. Das ist ungefähr so schnell, wie ein Auto auf der Landstraße fährt.

- Schlangen können drei Jahre lang ohne Essen auskommen, wenn sie die ganze Zeit über schlafen.

- Ein Seestern hat kein Gehirn, kein Blut, keine Ohren und keine Nase. Trotzdem kann er viele, viele Jahre lang leben.

4

Was bedeutet das für mich?

Was glaubst du, warum schuf Gott so viele verschiedene Arten von Tieren? (Rate einfach mal!) Bestimmt machte es Gott Spaß, sich alle Tiere auszudenken und zu formen. Was bastelst du gerne?

Gott hat uns sehr lieb. Er möchte, dass wir die Dinge genießen, die er gemacht hat.

Läufst du vielleicht manchmal an einer flauschigen Katze, einem flinken Eichhörnchen oder einem schimpfenden Spatz vorbei? Schau sie dir mal genau an!

Wenn dir jemand etwas Tolles schenkt, sagst du doch bestimmt Danke, oder? Sag Gott doch einfach mal Danke für kuschelige Kätzchen, bellende Hunde und sogar für stinkende Wildschweine.

Gott hob sich das Beste für den Schluss auf: er machte die Menschen! Auch Menschen sind ganz unterschiedlich. Manche sind klein, andere groß, manche dick, andere dünn. Manche haben dunkle Haut, andere helle. Jeder Mensch ist einzigartig! Auch dich hat Gott gemacht!

Bibelvers

Sie alle sollen den Herrn loben! Denn auf seinen Befehl wurden sie erschaffen. Psalm 148,5 (Hfa)

Mit Gott reden

Lieber Gott, danke, dass du all die Tiere gemacht hast. Bitte hilf mir, darauf zu achten, was du alles geschaffen hast. Amen.

Auch Mücke und Floh? Ein schwimmender Zoo!

Die echte Geschichte

1. Mose 6–7

Noah war ein sehr guter Mensch. Er tat, was Gott ihm sagte. Aber auf der ganzen weiten Welt hörte außer Noah niemand mehr auf Gott.

Eines Tages sagte Gott: „Noah, es wird bald unglaublich viel regnen. Bitte bau ein Schiff, eine Arche."

Es war trocken und staubig. Keine Wolke war am blauen Himmel zu sehen. Trotzdem bauten Noah und seine Familie das Schiff.

„Noah", sagte Gott dann, „bring von jeder Tierart ein Männchen und ein Weibchen auf deine Arche."

Das tat Noah. Und als Noah mit seiner Familie und mit allen Tieren an Bord war, verschloss Gott die Tür.

Vierzig Tage und Nächte lang regnete es und regnete und regnete und regnete und regnete.

Noah musste alle Tiere füttern: die Affen, die Bären, die Pferde, die Hunde, die Katzen, die Mäuse, die Büffel, die Kühe und die Elefanten.

Er kümmerte sich sogar um die Schlangen, die Bienen, die Spinnen, die Flöhe und die Mücken! Noah tat alles, was Gott ihm sagte – obwohl er von den Mücken gestochen wurde.

7

Erstaunliche Mücken Fakten

- Richtig oder falsch? Nur Mücken-Weibchen stechen. Richtig!

- Wenn eine Mücke vier Tage alt ist, kann sie dich schon stechen.

- Mücken mögen dunkle Kleidung. Also zieh dir helle Sachen an!

- Wenn du an einer Seite deines Hauses stehst und die Mücke an der anderen Seite des Hauses sitzt, kann sie dich schon riechen. (Bis zu 30 Meter Entfernung!)

- **Die meisten Mücken ziehen nie von zu Hause weg, sie fliegen weniger als zwei Kilometer weit.**

8

Was bedeutet das für mich?

Noah hatte noch nie das Meer gesehen. Er konnte nicht wissen, was ein Schiff ist. Aber er kannte Gott so gut, dass er einfach tat, was Gott ihm befahl. Also baute er ein Schiff nach Gottes Anleitung. Vielleicht hätte Noah die Mücken (und Löwen und Schlangen und Bären) lieber nicht aufs Schiff geholt. Doch er ließ sie hinein, weil Gott es ihm befohlen hatte. Noah brauchte nur zu gehorchen und ihm zu vertrauen.

Bitten deine Eltern dich manchmal, etwas zu tun, wozu du keine Lust hast? Deine Zähne putzen, den Fernseher ausschalten, deine Spielsachen aufräumen? Auch wenn du vielleicht nicht immer verstehst, warum du das tun sollst, wollen deine Eltern nur das Beste für dich! Deshalb kannst du ihnen genauso wie Gott vertrauen und das tun, worum sie dich bitten.

Bibelvers

Wenn ihr das wirklich verstanden habt, dann seid ihr glücklich zu preisen, wenn ihr es auch in die Tat umsetzt!
Johannes 13,17 (DB)

Mit Gott reden

Lieber Gott, du weißt alles am besten. Hilf mir, das zu tun, was du möchtest. Amen.

Die Taube schafft es!

Die echte Geschichte

1. Mose 8

Noah und seine Familie wohnten nun mit all den Tieren auf der Arche. Vierzig Tage und vierzig Nächte lang trommelte der Regen auf das Dach des Schiffes. Dann hörte er auf.

Schließlich öffnete Noah ein Fenster. Doch er sah überall nur Wasser.

Noah hielt eine Taube ans Fenster und ließ sie hinausfliegen.

„Wenn die Taube trockenes Land findet, wird sie nicht mehr zurückkommen", sagte Noah.

Die Taube flog überall umher. Doch sie fand keinen Ort zum Landen. Darum flog sie wieder zurück zum Schiff.

Eine Woche später versuchte Noah es wieder. Dieses Mal kam die Taube mit einem Zweig im Schnabel zurück.

„Es gibt noch immer keinen Ort zum Landen", sagte Noah. „Aber es schauen schon Baumwipfel aus dem Wasser."

Noch eine Woche später ließ Noah die Taube wieder frei. Dieses Mal kam die Taube nicht mehr zurück.

„Trockener Boden!", rief Noah. Er wusste, dass die Taube einen guten Ort zum Landen gefunden hatte.

Als Gott Noah dann endlich befahl, die Tiere aus dem Schiff herauszulassen, jubelten alle. Da ließ Gott einen wunderschönen Regenbogen am Himmel erscheinen. Der erinnert auch heute noch die Menschen an Gottes Liebe.

11

Erstaunliche Tauben Fakten

- Kannst du gurren? Bei den Tauben gurren nur die Männchen. Sie sind die Sänger in der Familie.

- **Tauben bauen ihre Nester in Bäumen, auf Fenstersimsen oder auf dem Boden. Sie verwenden dazu kleine Stöcke und die Nester sehen ein wenig unordentlich aus.**

- Tauben gibt es auf der ganzen Welt, außer in der heißen Wüste und in Ländern, in denen es sehr kalt ist.

- Tauben benutzen beim Trinken ihren Schnabel wie einen Strohhalm.

- Eine der häufigsten Krankheiten bei Tauben sind die Taubenpocken.

Was bedeutet das für mich?

Jeder ist wichtig! Noah schickte eine kleine Taube los, doch sie hatte eine große Aufgabe. Solange die Taube immer wieder zum Schiff zurückkehrte, wusste Noah, dass er das Schiff noch nicht verlassen konnte. Als die Taube dann nicht mehr zurückkam, wusste Noah, dass sie trockenes Land gefunden hatte.

Gott hat auch für dich wichtige Aufgaben. Fallen dir welche ein? (Zum Beispiel: Mama und Papa helfen, zu deinen Geschwistern lieb sein, die Oma zum Lachen bringen und so weiter.) Auch wenn du klein bist, kannst du schon große Sachen tun. Warum? Ich erklär es dir: Wenn Gott dir eine Aufgabe gibt, hilft er dir auch, sie zu erledigen.

Bibelvers

Wir sind ganz und gar Gottes Werk. Durch Jesus Christus hat er uns so geschaffen, dass wir nun Gutes tun können.
Epheser 2,10 (GN)

Mit Gott reden

Lieber Gott, ich möchte die Aufgaben erfüllen, die du für mich hast. Danke, dass du mir Aufgaben gibst und mir dann dabei hilfst. Amen.

13

Bärenstark

Die echte Geschichte

1. Samuel 17

David war zwar noch ein Kind, hatte aber schon eine wichtige Aufgabe: Er kümmerte sich um die Schafe, die seiner Familie gehörten. Er musste die Schafe vor Bären, Löwen und anderen großen Tieren beschützen.

Eines Tages, als er gerade auf der Schafweide war, wurde David zu seinem Vater ins Haus gerufen. „David, bitte geh und besuch deine Brüder." Seine drei ältesten Brüder waren nämlich Soldaten und kämpften gerade gegen die furchtbaren Philister.

Mit Essen und Geschenken beladen reiste David in das Tal und fand seine Brüder.

Während er mit ihnen sprach, kam ein riesiger Philister namens Goliat von der anderen Seite des Tales herüber.

Was bedeutet das für mich?

Zähle drei Sachen auf, vor denen du manchmal Angst hast. Monster? Gewitter? Hunde? Dunkelheit? Es ist auf jeden Fall gut, wenn du von knurrenden Hunden Abstand hältst und bei Gewitter am besten ins Haus gehst. Trotzdem brauchst du keine Angst zu haben, denn Gott ist bei dir und passt auf dich auf.

David wusste, dass Gott ihm helfen würde, Goliat zu besiegen. Immerhin hatte Gott ihm auch schon geholfen, Bären zu vertreiben. Wie hat Gott dir schon mal geholfen? Wenn du in der Nacht mal Angst vorm Dunkeln hast, denk an all die anderen Nächte, in denen dir nichts passiert ist. Wenn dir der Donner Angst macht, denk dran, wie Gott dir schon bei anderen Gewittern geholfen hat.

Gott hilft dir bei deinen kleinen Ängsten – und bei den großen.

Bibelvers

Fürchte dich nicht, denn ich bin bei dir; hab keine Angst, denn ich bin dein Gott! Ich mache dich stark, ich helfe dir.
Jesaja 41,10 (Hfa)

Mit Gott reden

Lieber Gott, manchmal habe ich Angst. Bitte hilf mir dran zu denken, wie du David geholfen hast und dass du auch mir immer hilfst! Danke. Amen.

Oh Schreck, ein Platzhirsch!

Die echte Geschichte

2. Samuel 22

Armer David! Alles hatte so gut angefangen.

Nachdem David den Riesen Goliat getötet hatte, lud König Saul ihn in seinen Palast ein. David sollte für ihn singen. David spielte gern auf seiner Harfe und sang dazu. Er wollte den König wieder froh zu machen.

David war sehr erfolgreich bei allem, was er tat. Deshalb wurde König Saul eifersüchtig auf David und wollte ihn töten.

David wollte sich nicht auf einen Kampf einlassen. Denn immerhin war Saul der König!

Darum lief David weg, fast so schnell wie ein Hirsch. Er versteckte sich in den Bergen. Er versteckte sich in Höhlen. Saul suchte ihn überall, doch Gott beschützte David.

Schließlich gab König Saul auf. Er verstand plötzlich:
Gott möchte David als König haben.
Die Leute jubelten: „Hurra! David ist König!"
David wollte allen Menschen erzählen, dass Gott ihn beschützt hatte.
Deshalb schrieb er ein Lied. Ein Teil davon geht so:

Gott allein beschützt mich.
Er ist immer bei mir, wo ich auch hingehe.
Mit ihm kann ich schnell laufen und
springen wie ein Hirsch.
Selbst auf steilen Felsen gibt er
mir festen Halt.
nach 2. Samuel 22,33-34

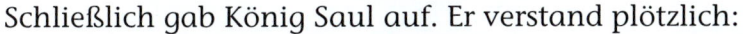

Erstaunliche Hirsche Fakten

- Hirsche haben gute Ohren. In ihren Ohren befinden sich so viele Muskeln, dass sie sie in alle Richtungen drehen können, ohne den Kopf zu bewegen. Kannst du mit den Ohren wackeln?

- **Hirsche haben einen starken Geruchssinn. Um noch besser riechen zu können, schlecken sie sich die Nase ab. Kannst du das auch?**

- Bei den meisten Hirscharten haben die neugeborenen Babys Punkte auf dem Fell, die nach einigen Monaten verschwinden.

- Die Babys heißen Kitz (Rehkitz) oder Kalb (Hirschkalb). Sie riechen nach überhaupt nichts, damit Feinde sie nicht finden können.

Was bedeutet das für mich?

Spielst du gern Verstecken? David machte es keinen Spaß, sich lange Zeit vor König Saul zu verstecken, aber er musste es tun. Bestimmt hatte er Angst, denn er wurde von einem König mit seiner ganzen Armee gejagt. Aber David vertraute darauf, dass Gott seine Füße stark macht. So konnte er „laufen und springen wie ein Hirsch". Die Hufe sorgen nämlich dafür, dass die Hirsche nicht ausrutschen und hinfallen. David wusste, dass Gott auch ihn beschützen würde, damit er nicht hinfiel.

Du kennst das bestimmt: Ein anderes Kind nimmt sich dein Spielzeug. Oder jemand setzt sich auf den Platz, auf den du gerade wolltest. Was machst du dann? Fängst du einen Streit an? Oder bist du bereit, wie Saul mit dem Streiten aufzuhören?

Manchmal musst du dich zwar selbst verteidigen. Aber in anderen Situationen ist es vielleicht besser, einfach wegzugehen. Dann kann Gott sich um das Problem kümmern. Das ist ein guter Zeitpunkt, mit deinen Eltern über alles zu reden, was dich traurig macht. Danach kannst du auch mit Gott darüber reden.

Bibelvers

Er macht mich gewandt und schnell, lässt mich laufen und springen wie ein Hirsch. Selbst auf steilen Felsen gibt er mir festen Halt.
Psalm 18,34 (Hfa)

Mit Gott reden

Lieber Gott, ich mag es nicht, wenn andere mich schubsen oder mir mein Spielzeug wegnehmen. Ich möchte dir vertrauen, dass du dich um mich kümmerst, wenn jemand etwas Böses tut. Bitte hilf mir dabei. Amen.

Raben-Robin Hood

Die echte Geschichte

1. Könige 16-17

Elia war ein Prophet in Israel. Gott sprach oft mit Elia und dann sagte Elia den Menschen, was Gott ihm erzählt hat.

„Geh und sag zu König Ahab, dass ich es mehrere Jahre lang nicht regnen lassen werde, weil er so schlecht zu den Menschen ist", sagte Gott zu Elia. König Ahab war ein fieser Mensch! Er war der schlechteste König aller Zeiten, die Israel regiert hatten.

Elia überbrachte dem König diese Botschaft. „Du bist schlecht, Ahab, so schlecht. Deshalb wird Gott es nicht regnen lassen."

Da wurde Ahab furchtbar zornig.

Darum warnte Gott Elia: „Schnell, versteck dich bei dem Bach in der Nähe des Flusses Jordan. Ich werde dich versorgen."

Elia versteckte sich. Aber er hatte nichts zu essen. Und es gab keine Geschäfte in der Gegend. Sollte er etwa verhungern?

Kra! Kra! Kra!

Elia blickte zum Himmel. Große, schwarze Vögel kamen auf ihn zuge-flogen. Raben!

Die Vögel trugen etwas im Schnabel – Essen! Jeden Morgen und jeden Abend brachten die Raben Elia nun Brot und Fleisch.

Genau wie Gott es angekündigt hatte, gab es keinen Regen. Sehr lange regnete es keinen einzigen kleinen Wassertropfen.

Trotzdem musste Elia nicht hungern. Gott kümmerte sich um ihn. Und dann schickte Gott endlich den Regen. Nun konnte jeder sehen, dass Gott seinen Leuten genau das schenkt, was sie brauchen!

Erstaunliche Raben fakten

- Hast du schon mal die Geschichte von Robin Hood gehört, der von den Reichen Geld und andere Sachen klaute und es den Armen gab … oder auch selbst behielt? Raben klauen tatsächlich Futter von anderen Tieren.

- Raben sind so groß wie zwei Krähen, wenn man sie zusammenkleben würde. Sie können höher fliegen als Krähen.

- Da sie ein super Gedächtnis haben, können Raben sich nicht verirren. Sehr praktisch!

Raben gehören vermutlich zu den klügsten Tieren der Welt.

- Raben können Futter finden, verstecken, lagern und das ganze Jahr über davon fressen.

Was bedeutet das für mich?

Gott kümmerte sich um Elia. Und er kümmert sich um uns. Sogar wenn jemand versucht, dir Angst einzujagen: Gott ist größer und stärker.

Deine Eltern kaufen Brot und Fleisch wahrscheinlich in einem Laden oder Supermarkt. Doch wenn Gott weder Sonnenschein noch Regen, weder Samen noch Erde schenken würde, hätten wir kein Brot, kein Fleisch, kein Obst und kein Gemüse zu essen. Dann wären die Regale in unserem Laden leer.

Darum gibt es das Tischgebet. Wir möchten Gott für unser Essen danken. Gott kümmert sich so wunderbar um uns!

Bibelvers

Gott, dem ich diene, wird euch alles geben, was ihr braucht.
Philipper 4,19 (GN)

Mit Gott reden

Lieber Gott, danke für all das Essen, das du mir schenkst. Es ist toll zu wissen, dass du immer für mich sorgst. Amen.

Bienen? Wie süß!

Die echte Geschichte

Psalm 19; 119

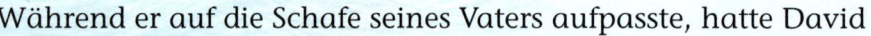

In der Zeit, in der David noch als Schafhirte arbeitete, war Honig das Allersüßeste, was es zu essen gab. Es gab keine Muffins, keine Gummibärchen oder Schokolade. Darum liebte David Honig.

David liebte auch Gottes Wort, die Bibel.
Während er auf die Schafe seines Vaters aufpasste, hatte David

viel Zeit, um über Gott nachzudenken. Er spielte auf der Harfe. Er schrieb Lieder.

Und wenn David über Gott singen wollte, dachte er manchmal an Honig und an die Honigwaben der Bienen.

Manche von Davids Liedern gingen so:

Die Gesetze des Herrn sind wahr ...
Sie sind süßer als Honig,
als Honig, der von der Wabe tropft.

Deine Worte schmecken mir so süß;
sie sind süßer als Honig.

Für David schmeckten Gottes Worte süß, denn er wurde von ihnen geführt.
Jedes Mal, wenn er mit Gott sprach, lernte er ihn noch besser kennen.
Und das war für ihn ... HONIGSÜSS!

- Bienen können alle Farben sehen bis auf eine. Kannst du sie erraten? Bienen können die Farbe Rot nicht sehen!

- **Bienen schlafen in der Nacht nicht. Sie machen nur viele Mini-Nickerchen. (Vielleicht sind sie deshalb manchmal so schlecht gelaunt.)**

- Du wächst und wächst viele Jahre lang, aber Bienen sind schon ausgewachsen, wenn sie geboren werden.

- Das summende Geräusch einer Biene wird von ihren Flügeln erzeugt. Sie flattern etwa 11 000 Mal pro Minute. Das heißt, in der Zeit, in der du bis eins zählst, hat die Biene ihre Flügel schon ungefähr 183 Mal auf und ab bewegt.

- Lange Zeit wurde Honig als Medizin verwendet. Er wurde auf Wunden geschmiert. Warum? Weil Honig so süß ist, dass keine Bakterien in ihm leben können.

Erstaunliche **Bienen** Fakten

Was bedeutet das für mich?

Hast du schon mal Honig probiert? Er ist sehr süß! Etwas Süßeres als Honig gab es früher nicht.

Bist du eine Naschkatze? Was magst du am liebsten? Bonbons? Schokolade? Gummibärchen? Eis?

Gott spricht durch sein Wort, die Bibel, zu uns. Wir lernen etwas über Gott und kommen ihm näher. Die Geschichten in der Bibel sind sozusagen die leckersten Süßigkeiten für unser Herz. Gott freut sich, wenn du von seinen Süßigkeiten naschst!

Bibelvers

Freue dich über den Herrn; er wird dir alles geben, was du dir von Herzen wünschst.
Psalm 37,4 (Hfa)

Mit Gott reden

Lieber Gott, danke, dass du uns die Bibel geschenkt hast. Amen.

Jona und der tolle Fisch

Die echte Geschichte

Jona 1–2

Jona fand die Leute in Ninive gar nicht nett. Sie waren böse – richtig, richtig böse. Eines Tages sagte Gott zu Jona: „Geh nach Ninive! Sag den Leuten, dass sie mit dem Bösen aufhören sollen, weil ich sie lieb habe." Aber Jona hatte sie gar nicht lieb. Er hatte überhaupt keine Lust, mit den Leuten zu sprechen. Deshalb ging er zum Hafen und betrat ein Schiff, das in eine andere Richtung fuhr. Schon bald wurde das Schiff von einem Sturm gerüttelt und geschüttelt.

„Hilfe! Hilfe!", riefen die Matrosen.

Es war Jona klar, dass Gott diesen Sturm wegen ihm geschickt hatte. „Werft mich über Bord, dann werdet ihr alle gerettet", sagte er zu den Matrosen. Das taten sie.

Tief, ganz tief ins Meer fiel Jona. Das ist das Ende, dachte er.

Doch Gott schickte einen tollen Fisch, der Jona verschlang. Schluck!

Drinnen im Fisch betete Jona: „Entschuldigung, Gott. Ich werde das tun, was du willst."

Hoch, immer höher schwamm der tolle Fisch. Pfuiiiii!, machte es. Der Fisch spuckte Jona an Land.

Nun erzählte Jona allen Leuten in Ninive: „Hey, Gott hat euch lieb!"

„Echt? Bist du dir sicher?", riefen sie. „Es tut uns leid, dass wir so böse waren."

„Ja! Gott vergibt euch", sagte Jona.

„Das ist ja toll!", riefen die Leute aus Ninive. „Von jetzt an haben wir Gott auch lieb."

- Rate mal: Welches ist das größte Tier, das Gott geschaffen hat? Es ist der Blauwal!

- Wie groß ist ein Blauwal? Wenn du 17 Papas nehmen würdest und jeder auf den Kopf eines anderen steigt, dann könnte der oberste Papa die Nase des Wals berühren und der unterste Papa den Schwanz des Wals. (Das sind bis zu 30 Meter!)

- Wie viel wiegt ein Blauwal? Bis zu 200 Tonnen, das ist so viel wie zwei kleine oder ein großes Haus wiegen.

- Der Kopf eines Blauwals ist so breit, dass 50 Personen auf seiner Zunge stehen könnten, also ungefähr zwei Schulkassen!

- **Das Herz eines Blauwals ist ungefähr so groß wie ein kleines Auto.**

Erstaunliche Wale fakten

Was bedeutet das für mich?

Gott liebt uns so sehr, dass wir normalerweise gern das tun, was er uns sagt, oder? Jona wollte Gott zuerst nicht gehorchen. Doch am Schluss tat Jona das, worum Gott ihn gebeten hatte. Der tolle Fisch half ein bisschen mit.

Hat dir schon mal jemand gesagt, dass Gott dich lieb hat? Wer hat es dir gesagt? Zähle alle auf, die dir einfallen. (Sie haben recht!)

Bibelvers

Wir jedenfalls haben erkannt und halten im Glauben daran fest, dass Gott uns liebt. Gott ist Liebe. Wer in der Liebe lebt, lebt in Gott und Gott lebt in ihm.
1. Johannes 4,16 (GN)

Mit Gott reden

Lieber Gott, danke für deine tolle Liebe. Bitte hilf mir, anderen zu erzählen, dass du auch sie lieb hast. Amen.

Weihnachtsruh, Weihnachts-Muh

Die echte Geschichte

Lukas 1,26-38; 2,1-7

Lange Zeit hatten alle Menschen auf der Welt auf Jesus gewartet. Nun endlich war die Zeit dafür gekommen.

Gott schickte einen Engel zu der jungen Maria. „Hab keine Angst!", sagte der Engel. „Gott hat dich ausgesucht. Du wirst ein Baby bekommen.

34

Sein Name soll Jesus sein. Es ist Gottes einziger Sohn!"

Als Maria schon einen ganz dicken Bauch hatte, musste sie mit Josef nach Bethlehem reisen. Die Stadt war überfüllt.

Josef klopfte an die Türen. „Wir brauchen ein Zimmer!", rief er. Aber alle Häuser waren schon voll.

Schließlich sagte ein Gastwirt: „Ich habe kein Zimmer mehr frei. Aber ihr könnt bei den Tieren im Stall schlafen."

Maria und Josef machten es sich zwischen den Kühen und Eseln im Stall bequem.

Und in diesem Stall wurde Jesus geboren.

Die Kühe muhten. Die Esel iahten. Die Schafe mähten.

So feierten Maria und Josef mit ihrem Baby Jesus das allererste Weihnachten.

- Es gibt doppelt so viele Kühe wie Autos auf der Welt.

- Es gibt keine zwei Kühe mit genau dem gleichen Fleckenmuster. Jede ist einzigartig!

- Kühe können pro Tag ungefähr 14 Mal aufstehen und sich wieder hinlegen. Das ist gar nicht so leicht, denn immerhin wiegen sie etwa so viel wie ein Traktor – um die 700 Kilo!

- Kühe beißen nicht. Sie können es gar nicht – denn vorne oben im Maul haben sie keine Zähne.

- **Eine Milchkuh kann so viel Milch geben, dass man daraus jeden Tag ungefähr 220 Kugeln Eis machen könnte.**

Was bedeutet das für mich?

Magst du Weihnachten auch so gern?
Geschenke! Tannenbaum! Weihnachtsplätzchen!
    Das Beste an Weihnachten ist, dass es der Geburtstag von
Jesus ist. Ohne Jesus hätten wir nichts zu feiern. Gott hat uns so lieb, dass
er seinen einzigen Sohn auf die Erde geschickt hat. Weißt du, warum? Damit wir für
immer Freunde von Gott werden können. Denn wenn wir an Jesus glauben, vergibt Gott
uns die Sachen, die wir falsch machen. Und so werden wir Gottes Kinder.
    Glaubst du an Jesus? Ja? Dann weißt du, worum es an Weihnachten geht. Das ist so
wunderbar, dass wir es jeden Tag feiern können – nicht nur zu Weihnachten!

Bibelvers

Denn Gott hat die Menschen so sehr geliebt, dass er seinen einzigen Sohn für sie hergab.
Jeder, der an ihn glaubt, wird nicht zugrunde gehen, sondern das ewige Leben haben.
Johannes 3,16 (Hfa)

Mit Gott reden

Lieber Gott, danke, dass du uns Jesus geschickt hast und dass du uns so sehr liebst! Amen.

Sei kein dummes Schaf!

Die echte Geschichte
Lukas 2,8-20

Es geschah in der Nacht, in der Jesus in einem Stall in Bethlehem zur Welt kam. Auf den Feldern passten Hirten auf ihre Schafe auf.

Manche Leute mochten die Hirten nicht, weil sie nicht viel Geld hatten und die Leute meinten, Hirten seien nicht besonders schlau.

Aber für Gott waren sie etwas ganz Besonderes und er hatte eine wichtige Aufgabe für sie.

Plötzlich war der ganze Himmel voller Licht. Ein Engel erschien.

38

Die Hirten bekamen Angst.

"Habt keine Angst", sagte der Engel. "Ich habe total gute Nachrichten für euch!"

"Euer Retter ist in Bethlehem geboren worden! Ihr findet ihn in Tücher gewickelt in einer Futterkrippe."

Plötzlich standen um den Engel viele andere Engel. Sie sangen: "Ehre sei Gott! Friede auf Erden!"

Dann gingen die Engel in den Himmel zurück.

Die Hirten sagten zueinander: "Kommt, wir gehen nach Bethlehem und schauen es uns selbst an!"

Sie fanden den neugeborenen Jesus in der Futterkrippe, genau wie die Engel es gesagt hatten. Die Hirten knieten sich vor Jesus. Sie konnten es kaum fassen, dass Gott sie ausgesucht hatte, um Jesus zu besuchen.

Danach erzählten sie allen Leuten, die sie trafen, von Jesus, ihrem Retter.

Erstaunliche Schafe Fakten

- Kannst du ein geflüstertes Wort hören? Schafe können nicht besonders gut sehen. Aber sie haben wahnsinnig gute Ohren.

- Ziegen haben Haare; Schafe haben Wolle. Ziegen sind schlau; Schafe nicht.

- **Ein Schaf gibt jedes Jahr so viel Wolle, dass man daraus einen ganzen Wollanzug für deine Mama oder deinen Papa machen könnte.**

- Schafe haben eine gespaltene Oberlippe. Das ist praktisch, wenn sie saftige Blätter von Sträuchern abreißen.

- Schafe haben nicht den Drang, bei Regen in den Stall zu gehen. Selbst bei starkem Sturm suchen sie sich keinen Unterschlupf.

Was bedeutet das für mich?

Die meisten Leute mochten keine Schafhirten. Aber Gott schon! Kein Wunder, dass die Hirten danach ganz viel von Jesus erzählen wollten.

Gott hat keine Lieblingsmenschen. Er hätte seine Engel auch zu Königen in einen Palast schicken können. Doch das tat er nicht. Er schickte die Engel zu den armen Schafhirten. Denen sollten sie die gute Nachricht sagen.

Gott freut sich, wenn wir auch zu Menschen nett sind, die wir vielleicht nicht so gerne mögen.Die Hirten waren so dankbar, dass sie die gute Nachricht von Jesus allen Leuten erzählten, die sie trafen.

Auch wir können so fröhlich sein und anderen Menschen von Jesus berichten.

Bibelvers

So wie ihr von den Menschen behandelt werden möchtet, so behandelt sie auch. Matthäus 7,12 (Hfa)

Mit Gott reden

Lieber Gott, danke dass du jeden Menschen so sehr liebst. Bitte hilf mir, zu allen Menschen freundlich zu sein. Amen.

Wertvolle Vögel

Die echte Geschichte

Matthäus 10

Bestimmt mag Jesus Vögel sehr gern, besonders die Spatzen. Auf jeden Fall hat er oft über sie gesprochen.

Als die ersten Leute mit Jesus mitgingen, suchte er sich zwölf besondere Freunde, die Jünger. Denen hatte Jesus viel zu erzählen. Manchmal redete er über Vögel, wenn er seinen Freunden etwas beibringen wollte.

Einmal warnte Jesus seine Jünger. Er sagte, dass sie wahrscheinlich von manchen Leuten gemein und unfair behandelt werden würden.

42

Weil seine Freunde nun Angst bekamen, wollte
Jesus ihnen klarmachen, dass Gott sich
trotzdem immer um sie kümmert.

„Schaut euch die Vögel an!", sagte er zu ihnen.
„Ein Spatz kostet noch nicht mal einen Cent. Doch
wenn ein Spatz vom Baum fällt, sieht Gott ihn."

Sicher staunten die Freunde, wie wichtig ein kleiner Spatz
für Gott ist.

Dann sagte Jesus: „Habt keine Angst. Ihr seid Gott noch mehr
wert als ein ganzer Schwarm Spatzen!"

Und er sagt auch, dass DU Gott mehr wert bist als ein ganzer
Schwarm Spatzen.

43

Erstaunliche Spatzen Fakten

- **Wie viele Lieder kannst du singen? Wenn ein Spatz bei Menschen aufwächst, kann er lernen, Lieder nachzupfeifen.**

- Wenn auf einem Baum in eurem Garten oder auf dem Spielplatz zehn Vögel sitzen, sind wahrscheinlich sieben Spatzen dabei.

- Ein Spatz, den du singen hörst, ist vermutlich ein Spatzen-Männchen. (Er singt, um eine Freundin zu finden.)

- Spatzen bauen ihre Nester nah beieinander, weil sie gern in Gemeinschaft leben.

- Spatzen baden lieber im Staub als im Wasser.

Was bedeutet das für mich?

Hast du immer das Gefühl, dass du wertvoll und wichtig bist? Oder fühlst du dich auch manchmal ausgeschlossen, wenn deine Eltern ganz dringende Sachen mit anderen Erwachsenen besprechen müssen? Vielleicht hast du große Geschwister, die schon Sachen machen dürfen, für die du noch zu klein bist. Vielleicht hast du ja manchmal das Gefühl, dass es auf dich nicht so ankommt.

Aber du bist wichtig! Für deine Mama und deinen Papa bist du wichtig und wertvoll. Und auch für Gott bist du total wichtig und wertvoll. Wenn Gott sich um einen kleinen Vogel kümmert, dann kümmert er sich erst recht um dich.

Jedes Mal, wenn du einen kleinen Vogel siehst, kannst du an Gott denken. Danke Gott, dass du ihm so viel bedeutest.

Bibelvers

Seht euch die Vögel an! Sie säen nicht, sie ernten nicht, sie sammeln keine Vorräte – aber euer Vater im Himmel sorgt für sie. Und ihr seid ihm doch viel mehr wert als Vögel!
Matthäus 6,26 (GN)

Mit Gott reden

Lieber Gott, ich finde es super, dass du für die kleinen Vögel sorgst. Und es ist so toll, dass du dich um mich noch viel mehr kümmerst als um die Vögel. Danke, dass ich bei dir etwas Besonderes bin. Amen.

Auf keinen Fall Skorpione!

Die echte Geschichte
Lukas 11,1-13

Seine Freunde wussten, dass Jesus oft allein wegging, um zu beten. Sie hörten auch manchmal zu, wenn er mit Gott redete und wollten auch gern so beten.

Darum sagten sie: „Herr, bring uns das Beten bei."

„Gut", antwortete Jesus. „Ihr sollt so beten."

Dann sprach Jesus das Gebet, das wir als „Vaterunser" kennen. Danach erklärte er noch mehr Sachen über das Beten.

Er fragte die Mütter und Väter: „Wenn eure Kinder euch um einen Fisch bitten, gebt ihr ihnen dann eine Schlange?"

Nein! Gute Eltern tun so etwas nicht.

„Wenn eure Kinder euch um ein Ei bitten, gebt ihr ihnen dann einen Skorpion?", fragte Jesus.

Nein! Natürlich nicht!

Wenn also Mütter und Väter ihren Kindern gute Dinge geben, wie viel mehr Gutes gibt uns dann unser Vater im Himmel, nämlich Gott?

Gott erhört unsere Gebete sehr gern. Was er uns gibt, ist das Beste. Eines seiner besten Geschenke ist der Heilige Geist, der in uns lebt. Was für ein guter Papa!

Erstaunliche Skorpione fakten

- **Wie viele Augen hast du? Manche Skorpione haben sechs Augen. Andere Skorpione haben sogar zwölf!**

- Skorpione sind mit Spinnen verwandt. Eine krasse Familie!

- Skorpionbabys reiten in den ersten Lebenswochen auf dem Rücken ihrer Mama.

- Wenn es sein muss, kann ein Skorpion mit sehr wenig Futter überleben: Ein Insekt pro Jahr würde ihm reichen.

- Du könntest einen Skorpion eine ganze Nacht lang ins Gefrierfach stecken, trotzdem würde er am nächsten Morgen noch leben. (Trotzdem darf man das nicht ausprobieren!)

Was bedeutet das für mich?

Kannst du dir vorstellen, dass du ein Geburtstagsgeschenk auspackst, ein neues Spiel erwartest ... und stattdessen kommt ein Skorpion herausgekrabbelt?

Nein, das würde nie passieren, denn deine Eltern lieben dich viel zu sehr. Sie würden dir nie etwas schenken, das dir wehtut.

Was war das letzte tolle Geschenk, das du von deinen Eltern bekommen hast? Erinnerst du dich noch an ihren Gesichtsausdruck, als du das Geschenk ausgepackt hast? Wahrscheinlich waren sie genauso glücklich wie du. Für Eltern ist es wunderschön, ihren Kindern tolle Geschenke zu machen.

Auch Gott liebt es, uns gute Dinge zu schenken. Wir sind Gottes Kinder. Wenn wir beten, dürfen wir uns vorstellen, wie der himmlische Vater lächelt.

Bibelvers

Wenn schon ihr hartherzigen Menschen euren Kindern Gutes gebt, wie viel mehr wird der Vater im Himmel denen den Heiligen Geist schenken, die ihn darum bitten.
Lukas 11,13 (Hfa)

Mit Gott reden

Lieber Gott, ich habe von dir so viele tolle Geschenke bekommen. Danke für jeden in meiner Familie, für meine Freunde und für alles Schöne auf der Welt. Amen.

Das kleine Schweinchen

Die echte Geschichte

Lukas 15,11-32

Jesus war der beste Geschichtenerzähler der Welt. Oft hat er Geschichten erzählt, damit wir besser verstehen können, wie sehr Gott uns liebt:

Es war einmal ein Vater, der hatte zwei Söhne. Der älteste Sohn arbeitete fleißig, er kümmerte sich um den Bauernhof mit den vielen Tieren. Doch der jüngere Sohn wollte von zu Hause weggehen.

„Gib mir jetzt mein Geld!", sagte der jüngere Sohn. „Ich brauch endlich mal Abwechslung und will Spaß haben."

Er nahm sein Geld, ging weg und feierte eine Party nach der anderen, bis kein Geld mehr übrig war. Schon bald musste er ganz dringend arbeiten, wenn er nicht verhungern wollte. Die einzige Arbeit, die er fand,

war Schweinefüttern. Eines Tages war er so hungrig, dass er dachte: ‚Das Schweinefutter sieht so lecker aus ...' Da rief er laut:

„Was mache ich hier eigentlich? Alle Leute, die für meinen Vater arbeiten, bekommen gutes Essen. Ich geh wieder nach Hause. Ich kann ja meinen Papa fragen, ob er mir eine Arbeit gibt – egal welche. Ich habe es nicht mehr verdient, sein Sohn zu sein."

Also ging der jüngere Sohn wieder nach Hause. Hoffentlich würde sein Vater ihn nicht wieder wegschicken! Schließlich hatte er sein ganzes Geld verschwendet! Doch noch bevor er ankam, sah der Sohn, dass sein Vater ihm entgegenrannte. „Mein Sohn!", rief er.

Er hatte jeden Tag auf seinen Sohn gewartet und nach ihm Ausschau gehalten. „Es tut mir total leid, dass ich so böse war", sagte der Sohn und weinte. „Ich hab's nicht mehr verdient, dein Sohn zu sein." Der Vater nahm ihn jedoch ganz fest in die Arme. „Du bist wieder zu Hause!" Und er gab eine große Party für seinen Sohn.

Erstaunliche Schweine Fakten

- Streck mal deine Zunge raus. Wusstest du, dass du etwa 10 000 Geschmacksknospen auf der Zunge hast? Diese Geschmacksknospen helfen dir zu erkennen, dass Eis supergut schmeckt und Schweinefutter gar nicht. Aber Schweine haben noch mehr Geschmacksknospen als du: 15 000!

- **Schweine fressen nur Sachen, die sie vorher gründlich beschnüffelt haben – schnüffel, schnüffel, schnüffel.**

- Mit ihrer großen Schnauze können Schweine richtig gut riechen. Deshalb bekommen manche Schweine die Aufgabe, Trüffel zu finden. Trüffel sind ganz feine, teure Pilze.

- Eine Schweinemama (die Sau genannt wird) kann acht Schweinebabys (die Ferkel genannt werden) gleichzeitig an den Zitzen trinken lassen.

- Schweine sind sehr klug. Bei Intelligenztests schneiden sie sogar besser ab als die meisten Hunde.

Was bedeutet das für mich?

Was meinst du, warum hat Jesus die Geschichte von dem Sohn erzählt, den der Vater so lieb hatte? Gott sagt, er ist unser Vater und er hat uns so lieb wie ein Papa seine Kinder.

Stell dir vor: Egal, was du machst, Gott hat dich immer lieb. Auch wenn du etwas Böses tust, hält das seine Liebe nicht auf. Wenn du zum Beispiel nicht mehr mit Gott reden würdest, wäre er traurig. Doch er würde dich noch genauso lieb haben wie vorher. Und Gott würde darauf warten, dass du zu ihm zurückkommst.

Bibelvers

Seht doch, wie sehr uns der Vater geliebt hat! Seine Liebe ist so groß, dass er uns seine Kinder nennt. Und wir sind es wirklich: Gottes Kinder!
1. Johannes 3,1 (GN)

Mit Gott reden

Lieber Gott, danke, dass du mein Vater bist und mich lieb hast, egal was ich tue. Du bist ein super Papa. Amen.

Geteilte Fische

Die echte Geschichte
Johannes 6, 1-15

Viele Menschen folgten Jesus, egal, wo er hinging. Eines Tages setzte Jesus sich auf einen Hügel und sprach den ganzen Tag lang zu einer großen Menschenmenge, es waren mehr als 5 000 Leute. Es war spät geworden. Als die Menschen Hunger bekamen, konnten sie weder in einen Supermarkt noch in ein Restaurant gehen, denn so was gab es damals nicht.

„Wir können diese vielen Leute nicht mit Essen versorgen!", rief ein Freund von Jesus.

Da sagte ein anderer: „Hier ist ein Junge mit zwei Fischen und fünf Broten."

Zwar hatte der Junge das Essen für sich selbst als Picknick mitgebracht, aber er war bereit zu teilen.

Jesu Freunde, die Jünger, fanden allerdings, dass dieses bisschen Essen ihnen nicht so richtig weiterhalf.

Aber Jesus machte sich keine Sorgen. „Sagt allen Leuten, sie sollen sich hinsetzen."

Jesus dankte Gott für das Essen, was der Junge mit allen teilen wollte. Dann gab er das Essen seinen Jüngern und sie sollten es in der Menschenmenge weiterverteilen.

Jeder bekam mehr als genug zu essen. Sie hatten sogar noch zwölf Körbe voller Reste übrig. Jesus hatte ein Wunder getan!

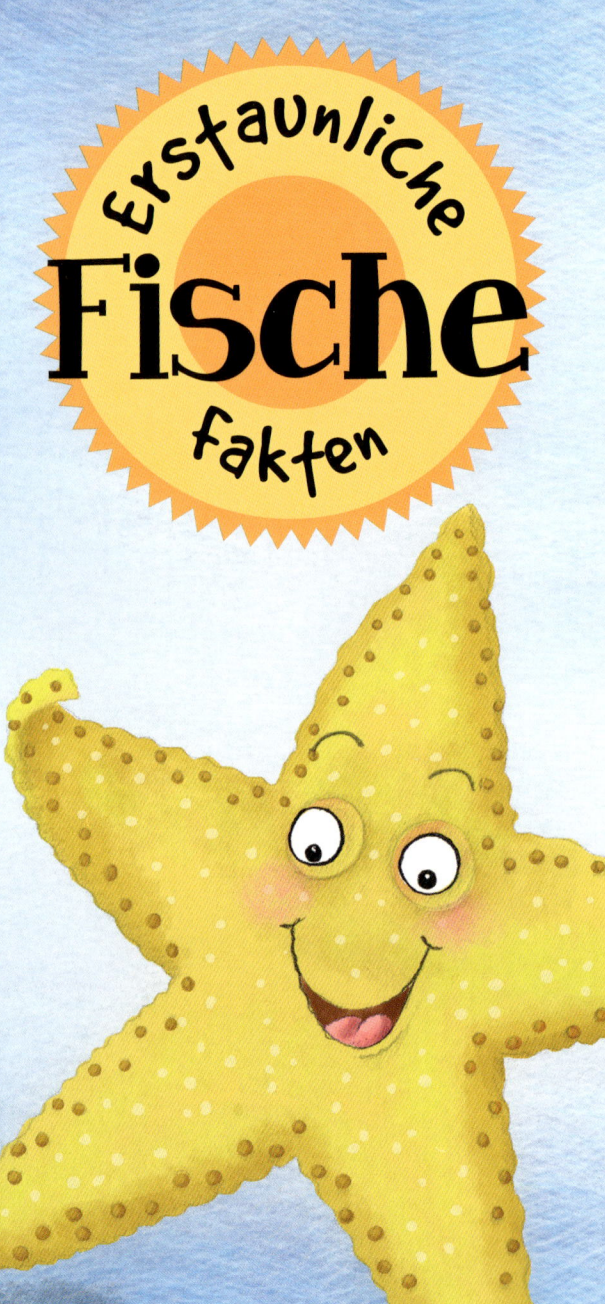

Erstaunliche Fische Fakten

- Wo würdest du lieber schwimmen: im Ozean oder in einem Fluss? Wenn du vier Fische fragen würdest, wo sie lieber schwimmen, dann würden drei von ihnen den Ozean wählen. Nur einem würde das salzige Meerwasser nicht gefallen.

- Gott hat viele Fische geschaffen, die komisch aussehen: Der Fetzenfisch in Australien sieht aus wie eine Alge.

- Den Plattfisch finden auch die anderen Fische komisch: Erwachsene Plattfische haben beide Augen auf derselben Kopfseite!

- **Der Seestern ist kein echter Fisch. Er gehört zur selben Familie wie Seeigel.**

Was bedeutet das für mich?

Welche Sachen hast du diese Woche schon geteilt? Mit wem hast du geteilt?

Gibt es etwas, das du nicht gern teilst? Ein Spielzeug im Kindergarten oder zu Hause? Deine Lieblingssüßigkeiten? Dein neues Geschenk?

Teilen ist nicht immer einfach. Doch wenn wir anderen von dem abgeben, was wir haben, werden wir alle fröhlicher. Der Junge mit den Fischen und Broten wurde ein Teil des Wunders, bei dem Jesus vielen Menschen zu essen gab. Vielleicht durfte er sogar Reste mit nach Hause nehmen.

Nach dem Teilen fühlst du dich gut. Und Gott ist stolz auf dich.

Bibelvers

Seid nicht selbstsüchtig; ... seid bescheiden und achtet die anderen höher als euch selbst.
Philipper 2,3 (NL)

Mit Gott reden

Lieber Gott, manchmal habe ich einfach keine Lust zu teilen. Das tut mir leid. Ich will lernen, nicht nur an mich zu denken, sondern auch an andere. Dazu brauche ich deine Hilfe. Amen.

Impressum

Die Bibelzitate wurden, sofern nicht anders angegeben,
den folgenden Bibelübersetzungen entnommen:

- Gute Nachricht Bibel, revidierte Fassung, durchgesehene Ausgabe in neuer
  Rechtschreibung, © 2000 Deutsche Bibelgesellschaft, Stuttgart (GN)
- Hoffnung für alle – Die Bibel, durchgesehene Ausgabe in neuer Rechtschreibung,
  © 1986, 1996, 2002 by International Bible Society, USA.
  Übersetzt und herausgegeben durch: Brunnen Verlag Basel, Schweiz (Hfa)
- Neues Leben – Die Bibel, © 2002 Hänssler Verlag, Holzgerlingen (NL)
- Willkommen daheim. Eine Übertragung des Neuen Testaments, die den Verstand
  überrascht und das Herz berührt. © 2009 by Gerth Medien GmbH, Asslar (WD)
- Das Buch, Neues Testament übersetzt von Roland Werner.
  © 2009 SCM R.Brockhaus im SCM-Verlag GmbH & Co. KG, Witten (DB)

Originally published in English under the title „My Bible Animals Storybook" (Part 1)
by Tyndale House Publishers, Inc., Carol Stream, Illinois.
All rights reserved.
Copyright © 2014 by Dandi Daley Mackall
Illustrations copyright © 2014 by Heather Heyworth
Copyright der deutschen Ausgabe © 2017 Gerth Medien GmbH, Dillerberg 1, 35614 Asslar

1. Auflage 2017
Bestell-Nr. 817162
ISBN 978-3-95734-162-4

Umschlaggestaltung: Björn Steffens
Umschlagmotiv: Heather Heyworth
Lektorat: Sarah Kleinknecht
Satz: Immanuel Grapentin / Wolfgang Grünhagen
Druck und Verarbeitung: Print Consult, München

FSC
www.fsc.org
MIX
Paper from
responsible sources
FSC® C084279